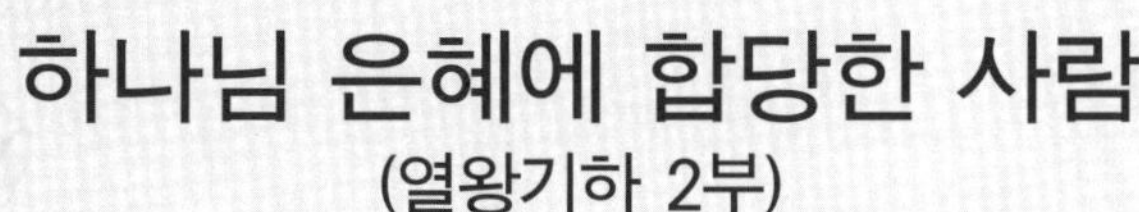

하나님 은혜에 합당한 사람

(열왕기하 2부)

특별히 ____________________ 님께

이 소중한 책을 드립니다.

「하나님께 더 가까이」 시리즈 ❹

하나님 은혜에 합당한 사람

(열왕기하 2부)

나종원 목사 지음

나침반

머릿말

하나님을 더욱 깊이 알고 하나님께 더욱 가까이!

사도 바울은 "믿음은 들음에서 나며 들음은 그리스도의 말씀으로"(로마서 10:17)라고 했습니다.
우리는 매일 믿음이 자라고 성장하기를 바랍니다.
또 우리의 믿음은 자라고 성장해야 합니다.
믿음은 정체되거나 그 자리에 멈추어 서 버리면 안됩니다.
믿음은 매일 자라고 성장해야만 합니다.
그것이 주님이 원하시는 것이며 우리들의 바람입니다.
믿음이란 하나님의 말씀을 먹고 들음에서 생겨납니다.
그것은 사도들도 인정하고 공감하는 바입니다.

"갓난 아기들 같이 순전하고 신령한 젖을 사모하라
이는 그로 말미암아 너희로 구원에 이르도록 자라게
하려 함이라"(베드로전서 2:2)
하나님의 말씀은 우리의 믿음이 자라는데 절대 필요한
자양분입니다. 하나님의 말씀을 먹고 들음이 없이 믿음은 자라지 않습니다.

저는 이 교재가 하나님을 더욱 깊이 알아가기를 원하는 많은 성도님들께 디딤돌이 되기를 원합니다. 이 교재를 통하여 성도님들의 믿음이 성장하며 자라기를 소망하며 하나님께 더욱 가까이 나가시는데 밑거름이 되었으면 합니다.

이 교재를 통하여 신학적 지식을 전달하기보다 하나님 말씀 그 자체를 전달하고자 애썼습니다. 이 교재를 통하여 하나님을 뜨겁게 만나시기를 축복하며 하나님께서 기뻐하시고 원하시는 믿음의 사람으로 서게 되시기를 기도합니다.
이 교재는 그룹이나 개인 성경 공부용 교재입니다.
청년부, 대학부, 구역 성도님들, 제자훈련과 성경을 더 깊이 배우고 공부하기를 원하는 모든 분들을 위한 성경교재입니다.
하나님의 말씀을 통하여 하나님께로 더 가까이 나가게 되기를 축복합니다.

하나님께 더 가까이…
나종원 목사

목차

1

진리를 보존합시다

성경: 열왕기하 11:1-16 / 찬송: 348(마귀들과 싸울지라)

북이스라엘에서 예후는 아합의 가문을 진멸시킵니다. 아달랴와 형제인 요람왕은 예후에게 살해 당하고 아합의 아들들 70명 모두 예후에게 진멸당합니다.

악녀 이세벨도 예후에게 죽임을 당합니다.

이 모든 일이 아합의 딸인 아달랴에게는 충격적인 일입니다. 더구나 아달랴의 아들 유다왕 아하시야는 외삼촌인 요람에게 문병을 갔다가 예후에게 죽임을 당합니다.

아하시야의 형제들도 함께 죽임을 당하고 이제 남은 아합의 가문은 아달랴만 남았습니다.

그러나 아달랴는 이러한 비극적인 소식을 접하고 아주 잔인하게 행동합니다. 그녀는 자신의 손자들을 잔인하게 죽여 버립니다.

그러나 하나님은 여호야다와 여호세바를 통하여 다윗의 씨를 남기시고 보호하셨습니다.

1. 이세벨의 딸

1. 아달랴는 어떤 여자입니까(왕하11:1a; 왕하8:25,26)?

아달랴는 아합과 이세벨의 딸입니다. 남유다 제4대왕 여호사밧의 결혼동맹으로 남유다에 시집을 왔습니다. 그녀는 남유다에 바알 숭배를 도입하고 남편인 여호람과 아들인 아하시야를 바알 숭배자로 만들고 하나님께 배교하게 만든 장본인입니다.

2. 아합 가문의 멸절이후 아달랴가 행한 악행은 무엇입니까(왕하11:1b)?

3. 아달랴가 다윗의 자손들을 멸절시키고자 한 의도는 무엇입니까(왕하11:1,2)?
   그녀가 얼마나 사악하며 잔인한 여자인지를 말해 봅시다.

아합의 딸 아달랴가 자기 형제 요람과 아들 아하시야의 죽음, 그리고 아합 가문이 멸절되었다는 소식을 듣고 다윗의 후손 중에서 다시는 왕이 나오지 않게 하려고 다윗의 가계를 모조리 진멸해 버리기로 작정하였습니다. 아달랴가 행한 일들은 다윗의 가계를 통하여 이어지는 예수 그리스도의 구속의 역사를 막고 방해하는 것이었습니다.

2. 여호세바

1. 다윗의 자손들은 이제 대가 끊어질 위기에 처했습니다. 누가 다윗의 씨를 지킵니까(왕하11:2,3)?

2. 여호세바는 어떤 인물이며 그녀는 어떻게 다윗의 자손을 살립니까(왕하11:2; 대하22:11)?

여호세바는 여호람의 딸이며 아하시야의 누이입니다. 그녀는 대제사장 여호야다와 결혼을 하였습니다. 역대하에는 '여호사브앗'이라는 이름으로 소개됩니다. 아달랴가 다윗 왕가의 씨를 멸절시키고자 했을 때 하나님은 여호야다와 여호세바 부부를 통해 다윗 왕가의 씨를 남겨 두십니다. 그녀는 궁전에서 아달랴가 다윗의 자손들을 살육하고 있을 때 요아스라는 어린 아기를 자기 침실 방에 숨깁니다. 그리고 여호야다와 함께 요아스를 6년 동안 성전에서 숨겨 키웁니다.

3. 여호야다와 여호세바 부부를 통해서 다윗의 가계를 지키시는 하나님의 섭리를 생각해 봅시다(왕하8:19 ; 참조, 마2:13).

아달랴가 사단의 앞잡이가 되어 다윗 왕가를 멸절시켜 예수 그리스도의 탄생을 방해하려고 했지만 하나님은 신실한 대제사장 여호야다와 여호세바 부부를 준비시키시고 이들을 통하여 메시야의 계보를 보존하고 지키셨습니다.

3. 여호야다

1. 여호야다는 어떤 인물입니까(왕하11:4; 대하22:11,12)?

2. 요아스가 여호와의 성전에서 보호받고 양육을 받은 것은 어떤 의미가 있습니까(왕하11:3; 12:2; 딤후1:5; 3:14,15)?

3. 우리가 누구에게서 배우고 자라는 것은 얼마나 중요한 차이가 있습니까(딤후3:14; 비교, 왕하8:18,26)?

4. 여호야다가 요아스에게 하나님의 율법책을 준 이유는 무엇입니까(왕하11:12; 신17:18-20)?

이것은 요아스가 왕이 되어 인간적인 생각과 자의로 통치할 것이 아니라 하나님의 말씀에 입각하여 통치하고 다스릴 것을 요구하는 것입니다.

5. 이세벨의 딸 아달랴는 어떤 최후를 맞게 됩니까(왕하11:14-16; 20; 시1:4-6)?

아달랴는 자신의 어머니 이세벨처럼 비참한 죽음을 당하게 됩니다. 아달랴도 자신의 어머니처럼 바알숭배와 온갖 악행을 일삼다가 하나님의 심판을 받아 몰락하고 맙니다.

정리하며

북이스라엘에서 예후는 아합의 가문을 멸절을 시켰습니다. 이세벨도 예후에게 죽임을 당했습니다. 이것은 이세벨의 딸인 아달랴에게 큰 충격을 주었습니다. 아달랴는 아하시야가 죽자 남아 있는 다윗의 후손들을 잔인하게 살해 합니다. 이런 와중에 제사장 여호야다 부부는 유일한 다윗의 씨인 요아스 왕자를 성전에 숨겨 양육합니다. 아달랴가 다윗의 씨를 진멸하고자 했지만 하나님은 여호야다 부부를 통하여 다윗의 씨를 보존하셨습니다. 여호야다는 요아스를 성전에서 하나님의 말씀으로 양육합니다. 그리고 때가 되어 아달랴를 축출하고 요아스를 남유다의 다윗의 왕가에 복귀시킵니다. 아달랴도 자신의 어머니 이세벨처럼 비참한 최후를 맞이하게 됩니다.

1. 아달랴가 이렇게 사악한 여자가 된 까닭은 무엇입니까?
   사람이 어떤 배경에서 자라는 것이 왜 중요한 것인지를 말해 봅시다.

2. 요아스는 누구에게서 배웁니까?
   그 결과는 무엇인지를 말해 봅시다(왕하12:2a).

♡ "우리 주 하나님이여 영광과 존귀와 권능을 받으시는 것이 합당하오니 주께서 만물을 지으신지라 만물이 주의 뜻대로 있었고 또 지으심을 받았나이다 하더라"(계4:11)

많은 사람들을 진리로 인도합시다

성경: 열왕기하 11:17-12:6 / 찬송: 384(나의 갈 길 다 가도록)

제사장 여호야다는 아합의 딸 아달랴를 제거하고 어린 왕자 요아스를 왕으로 옹립시키는데 성공을 합니다. 이로써 다윗왕조는 가문이 끊어지는 위기를 벗어나 다시 남유다를 통치 할수 있게 되었습니다. 이 모든 과정에서 제사장 여호야다는 엄청난 공헌을 합니다. 하나님은 여호야다를 귀하게 사용하셨습니다. 여호야다는 다윗왕조를 복원시키고 유다에 영적인 각성을 불러 일으켰습니다. 여호야다의 공헌은 여기에서 끝나지 않습니다. 그는 왕과 백성을 데리고 하나님과 언약을 갱신하게 합니다. 또한 왕과 백성들 사이에서도 언약을 맺어 선한 통치와 복종을 약속합니다.

1. 언약의 갱신

* 갱신(更新; renewal): 이전에 있던 것을 다시 고쳐 새롭게 함

1. 제사장 여호야다가 왕과 백성 그리고 하나님 사이에서 한 그의 역할은 무엇입니까(왕하11:17)?

하나님과 남유다사이에는 언약이 존재합니다. 그러나 남유다의 배교와 불순종으로 이 언약이 깨지고 훼손되어 있습니다. 특히 여호람과 아하시야를 거쳐 아달랴의 통치동안 남유다는 하나님과의 언약에서 벗어나 있습니다. 그들은 바알을 숭배하며 하나님 말씀에 불순종했습니다. 대제사장 여호야다는 하나님과 언약을 새롭게 함으로써 유다가 다시한번 경건한 나라로 회복 되기를 원했습니다.

2. 왕이 하나님과 언약을 세우는 것은 어떤 의미가 있습니까(왕하11:17a)?

하나님은 다윗에게 주셨던 약속들이 있습니다(삼하7:10-16). 이스라엘 열왕들도 다윗의 언약을 좇아 말씀에 대한 순종의 길을 걸어야 합니다. 그러나 다윗의 후손들은 하나님의 언약에 신실하지 못했습니다. 여호야다는 요아스가 하나님앞에서 언약을 갱신함으로 하나님께 충성된 왕이 되기를 원했습니다.

3. 백성들이 하나님과 언약을 맺는 것은 어떤 의미가 있습니까 (왕하11:17a)?

여호야다는 백성들도 하나님께로 돌아 오도록 구체적으로 언약을 새롭게 합니다. 이스라엘 백성들은 하나님의 택하신 특별한 백성들이고 그들은 이제 언약의 백성답게 살아야 한다는 것입니다. 지금 이 시점이 바로 백성들이 하나님과 언약의 갱신이 필요한 시점이며 언약의 갱신을 통해서 유다 백성들이 하나님께로 돌아와야 한다는 것입니다.

4. 여호야다는 왕과 백성 사이에도 언약을 세우게 합니다. 이들의 언약에는 어떤 의미가 있습니까(왕하11:17b)?

요아스 왕은 이제 백성들을 인간적이고 자의적인 기준들에 의해서 백성들을 통치해서는 안되고 마땅히 하나님의 말씀을 표준으로 통치해야 한다는 것입니다. 백성들도 하나님의 말씀을 좇아 하나님께서 세우신 왕을 존경하고 따라야 한다는 것입니다.

❶ 제사장 여호야다는 다윗왕조의 회복과 유다의 영적부흥에 지대한 공헌을 합니다. 믿음을 가진 한 사람의 중요성에 대하여 생각해 봅시다.

2. 기쁨과 평온

1. 여호야다가 언약의 갱신을 통하여 요아스에게 원한 것은 무엇입니까(왕하12:2)?

대제사장 여호야다는 언약의 갱신을 통하여 어린 요아스가 여호와를 경외하며 하나님의 말씀을 자신의 통치의 원리로 삼아 그의 일생동안 통치의 기준으로 삼기를 원했습니다.

2. 하나님과 새롭게 언약을 갱신한 백성들이 가장 먼저 한 일은 무엇입니까(왕하11:18)?
참된 믿음에는 왜 실천이 따라야 할까요?

하나님과 언약을 새롭게 갱신한 백성들은 곧바로 바알의 신당으로 가서 그 신당들을 허물고 우상들을 깨뜨렸습니다. 믿음으로 살고자 하는 자들에게는 실제적인 실천이 따라야 합니다. 말로만 맹세하거나 마음으로만 다짐해서는 안됩니다. 믿음은 행동으로 실천해야 합니다.

❶ 당신이 믿음으로 살고자 결단한 것들중에 어떻게 구체적인 행동으로 실천한 것들이 있는지 말해 봅시다.

3. 하나님의 언약의 백성으로 돌아온 이들에게 일어난 결과는 무엇입니까(왕하11:20)?

그동안 바알숭배와 배교로 말미암아 하나님께로부터 멀어졌던 백성들은 마음에 괴로움과 고통이 있었습니다. 그러나 이제 이들은 새롭게 하나님과 언약을 갱신하며 온 나라에 기쁨과 평화가 넘쳤습니다. 이들에게 새로운 세상이 열린 것입니다(잠11:10; 29:2). 평온(平穩; peaceful, quiet)이란 '조용하고 평안한 상태'를 의미합니다.

3. 성전수리

1. 예루살렘 성전이 많이 파손된 이유는 무엇입니까(왕하12:5,6; 대하24:7)?

2. 요아스가 성전과 성전수리에 대하여 강한 애착을 보이는 까닭은 무엇입니까(왕하11:3,17; 12:2)?

요아스는 하나님의 성전에서 보호받고 양육 받았습니다.

3. 요아스가 하나님앞에서 정직하게 통치할 수 있었던 데에는 어떤 도움이 있었습니까(왕하12:2)?

대제사장 여호야다가 요아스를 성전에서 양육했습니다. 그리고 요아스가 하나님께 충성스런 왕이 될수 있도록 멘토가 되었습니다. 요아스는 여호야다가 생존하는 동안에는 좋은 믿음의 왕이 되었습니다.

정리하며

요아스를 다윗의 왕위에 복원시킨후 여호야다는 왕과 백성들을 데리고 하나님께 언약을 갱신하게 합니다. 여호야다는 왕과 백성들이 하나님께 순종하며 충성스런 사람들이 될수 있도록 언약을 새롭게 합니다. 여호야다는 남유다를 믿음으로 인도합니다. 여호야다의 생존동안에 왕과 백성들은 하나님앞에서 믿음의 길을 갑니다. 언약을 갱신한 백성들은 바알의 신당에 쫓아가 우상들을 훼파하고 신당들을 허물어 버립니다. 이제 남유다에 경건한 바람이 일어 납니다.

1. 여호야다가 언약의 갱신을 통하여 얻고자 한 유익은 무엇입니까?
   왜 우리들에게 때로는 언약의 갱신이 필요합니까?

2. 백성들은 언약의 갱신을 한 후에 바알의 신당을 찾아가 우상들을 깨뜨리고 신당들을 훼파하였습니다. 당신이 믿음으로 살고자 결단한 후에 구체적으로 결심하고 실천한 것들이 있다면 말해 봅시다.

♡ "지혜 있는 자는 궁창의 빛과 같이 빛날 것이요 많은 사람을 옳은 데로 돌아오게 한 자는 별과 같이 영원토록 빛나리라"(단12:3)

3

변질되지 맙시다

성경: 왕하 12:17-21, 대하 24:15-27 / 찬송: 342(너 시험을 당해)

대제사장 여호야다가 살아 생전에는 여호와를 잘 경외하고 믿음으로 통치하던 요아스는 여호야다가 죽고 나서 유다 방백들의 건의를 듣고 그들의 꾀임을 좇아 여호와를 버리고 우상숭배의 길로 돌아 섭니다.

하나님은 선지자들을 보내시어 요아스를 돌이키고자 하셨지만 요아스는 끝내 돌아서지 않았습니다.

요아스는 여기에 더하여 자신의 살아 생전에 은혜를 베풀었던 여호야다의 아들 스가랴를 돌로 쳐 죽이고 살해를 합니다.

스가랴가 요아스의 우상숭배와 배교행위를 지적하며 회개를 촉구했기 때문입니다.

하나님은 배은망덕한 요아스를 그냥 두시지 않으셨습니다.

아람의 하사엘을 도구로 유다를 침공하게 하시고 요아스는 신하들의 반역으로 끝내 살해를 당하고 맙니다.

1. 요아스의 타락

1. '그 때에'란 어떤 때를 말합니까(왕하12:17; 대하24:15-22)?

이 때는 요아스의 훌륭한 영적 스승이었던 여호야다가 죽고 요아스가 하나님께 변절하여 우상숭배로 돌아섰던 때를 말합니다.

2. 요아스에게 우상숭배를 하도록 유혹한 사람들은 누구입니까(대하24:17)?

요아스가 이렇게 변질되게 된 까닭은 바로 역대하 24장 17절에 나오는 유다에서 온 방백들때문입니다. 이들은 아달랴의 통치시기에 상당한 정치적 영향력을 가졌던 인물들로 추정되며 여호야다 생전에는 은둔하며 자제했던 사람들입니다. 이들은 여호야다가 죽자 드디어 다시 정계에 나타났고 요아스에게 온갖 아첨과 감언이설로 유혹을 한 것입니다.

3. 우리가 유혹에 넘어가지 않으려면 어떻게 해야 합니까(잠29:25; 왕상2:1,2; 고전13:6; 뎀전5:21,22)?

2. 하사엘의 침공

1. 누가 예루살렘을 침공합니까(왕하12:17)?
하사엘이 유다를 침공한 근본적인 이유는 무엇입니까(대하24:18,20,24)?

2. 유다의 많은 군대가 하사엘의 적은 군대에게 완패를 당한 까닭은 무엇입니까(대하24:24; 삼상17:47)?

전쟁의 승리는 군대의 수에 있는 것이 아니라 하나님의 도우심에 있는 것입니다.

3. 누가 요아스에게 회개를 촉구했습니까(대하24:19,20)?

3. 스가랴의 절규

1. 스가랴는 누구입니까(대하24:20a)?

   요아스가 스가랴를 살해한 까닭은 무엇입니까(왕하11:3,17; 12:2; 대하24:22)?

2. 요아스는 어떤 점에서 배은망덕(背恩忘德)하게 행동했습니까(대하24:16)?

   당신은 받은 바 은혜를 얼마나 소중하게 생각하는 사람입니까(시50:23; 눅17:16-18)?

3. 하나님의 언약을 떠나 타락한 요아스에게 임한 하나님의 최후 징벌은 무엇입니까(왕하12:20; 대하24:25)?

정리하며

여호야다가 죽자 요아스의 믿음에 변질이 일어났습니다. 그것은 아달랴의 생전에 국정의 경험을 가진 유다의 방백들이 온갖 감언이설로 요아스를 유혹했습니다. 요아스는 이들의 꾀임에 넘어가 하나님을 버리고 배교의 길로 돌아 섭니다. 하나님은 여호야다의 아들 스가랴를 보내 요아스에게 회개를 촉구하지만 그는 더 이상 하나님께로 돌아 오지 않습니다. 하나님은 요아스의 배교에 대한 징계로 아람왕 하사엘이 남유다를 침공하게 합니다. 요아스는 비극적인 최후를 맞이하고 그것은 곧 그가 하나님을 버렸기 때문에 얻게된 결과였습니다.

1. 당신의 신앙생활을 변질시키는 거부해야 하는 것들이나 타협하지 말아야 하는 것들이 있다면 그것은 무엇입니까?

2. 요아스는 어떻게 타락하게 되었습니까? 요아스가 타락하지 않으려면 어떻게 해야 했습니까?

3. 요아스는 자신의 배교를 책망하는 스가랴를 살해했습니다. 요아스가 왜 배은망덕한 자가 되었습니까?
   당신은 누군가의 은혜를 잊고 경솔하게 행동한 적은 없습니까?

♡ "아무에게나 경솔히 안수하지 말고 다른 사람의 죄에 간섭하지 말며 네 자신을 지켜 정결하게 하라"(딤전5:22)

믿음의 입을 크게 엽시다

성경: 열왕기하 13:1-25 / 찬송: 545(이 눈에 아무 증거 아니 뵈어도)

예후의 종교개혁과 열정은 그의 아들 여호아하스의 시대에 와서 완전히 퇴색되고 맙니다. 여호아하스는 하나님의 말씀을 좇는 다윗의 길을 걷기 보다 오히려 금송아지를 세워 우상숭배하며 배교했던 여로보암의 길을 걷게 됩니다. 하나님은 여호아하스의 배교와 북이스라엘의 불순종에 진노를 하시고 북이스라엘을 아람왕 하사엘의 학대에 넘기십니다. 하나님께서는 하사엘을 불순종하는 북이스라엘에 대한 징계의 막대기로 사용하십니다. 엘리사가 노환으로 죽을 날이 이르고 여호아하스의 아들 요아스는 엘리사를 찾아가 눈물을 흘리며 웁니다.

1. 여호아하스

1. 여호아하스는 어떤 왕입니까(왕하13:1)?
   그는 하나님앞에서 어떤 자였습니까(왕하13:2)?

여호아하스는 예후의 아들이며 북이스라엘의 제11대 왕입니다.

2. 북이스라엘의 배교에 대하여 하나님의 징벌은 어떻게 나타났습니까(왕하13:3,4; 삼하7:14)?

북이스라엘은 자신들의 우상숭배와 배교로 말미암아 하나님의 진노를 자극시켰습니다. 하나님은 아람의 하사엘을 통하여 북이스라엘을 징벌하셨습니다. 이들은 하나님께 늘 불순종하고 배교했기 때문에 계속해서 아람의 손에 빠지는 고통을 당하고 있었습니다.

3. 여호아하스가 아람의 학대 가운데 하나님께 도움을 구했습니다. 하나님은 그에게 어떻게 반응하셨습니까(왕하13:4,5)?

❶ 우리가 삶의 어려운 여건과 고난 가운데서 하나님을 찾고 간구해야 하는 까닭은 무엇입니까(시50:15;)?

2. 엘리사의 죽음

1. 여호아하스의 아들 요아스가 엘리사를 찾아와 눈물을 흘리며 운 이유는 무엇입니까(왕하13:14)?
   엘리사가 죽을 병이 든 까닭은 무엇일까요(참고, 왕상2:1,2)?

엘리사는 나이가 많아 노환으로 병이 들었습니다. 믿음의 사람들에게도 병이 있고 다윗도 노환으로 세상을 떠났습니다. 믿음의 사람들도 때가 되어 세상을 떠나는 것은 하나님의 자연스런 섭리입니다.

2. 요아스가 엘리사를 두고 '이스라엘의 병거와 마병'이라고 말한 까닭은 무엇입니까(왕하13:14; 왕하2:12)?

'이스라엘의 병거와 마병'이란 말은 이미 엘리사 자신이 스승인 엘리야를 두고 사용했던 말입니다(왕하2:12). 엘리사는 이스라엘에게 종종 승리를 가져다 주었고 이러한 선지자의 역할은 이스라엘의 최고 군사력인 것입니다.

3. 엘리사가 요아스에게 두가지 상징적인 행동을 명령합니다. 그것들은 무엇입니까(왕하13:15-18)?
요아스가 동쪽을 향하여 쏘는 화살이 왜 '여호와의 구원의 화살'이 됩니까(왕하13:17)?

이것은 아람과의 전쟁에서 승리가 군사력이나 전략, 전술에 있는 것이 아니라 전적으로 하나님의 도우심에 달려 있음을 의미합니다(삼상17:47).

3. 하나님의 언약

1. 엘리사가 요아스에게 노한 까닭은 무엇입니까(왕하13:19a)?
엘리사는 요아스가 땅을 몇 번 치기를 원했습니까(왕하13:19)?

엘리사는 하나님을 향한 요아스의 믿음의 분량이 작은 것에 대해서 분노했습니다. 그가 더 하나님께 적극적이고 열정적인 믿음을 가졌었기를 원했습니다(참고, 왕하4:3).

❶ 당신은 하나님을 향하여 어느 정도의 영적인 열정을 가지고 있습니까(시81:10)?

2. 하나님께서 이스라엘을 멸하기를 즐겨하지 않으신 까닭은 무엇입니까(왕하13:23)?

하나님은 이스라엘의 배교와 우상숭배로 인하여 비록 하사엘로 징계하시고 채찍으로 치셨지만 이스라엘을 완전히 멸망시키는 것은 기뻐하지 않으셨습니다. 그것은 믿음의 조상들과 맺었던 하나님의 언약때문입니다(창17:6-8). 하나님은 언약을 기억하시고 이들에게 은혜를 베풀고 계십니다.

3. 요아스는 아람왕 벤하닷을 몇 번 무찔렀습니까(왕하13:25)?

요아스는 '자신의 믿음의 분량'만큼 전쟁에서 승리를 했습니다.

정리하며

예후의 빛나는 종교개혁은 그의 자손들에게서 퇴색해 갑니다. 이들은 하나님이 어떤 분이신지를 잊어 버리고 배교와 우상숭배로 타락해 갑니다. 하나님은 여전히 불순종하는 이스라엘을 아람왕 하사엘을 통하여 징계하십니다. 이들은 그들의 배교와 우상숭배의 죄악으로 늘 아람군대에 고통을 당합니다.

엘리사가 이제 세상을 떠날 시간이 다가오고 하나님은 엘리사를 병을 통하여 불러 가십니다. 죽어가는 엘리사를 보며 요아스왕은 눈물을 흘리며 웁니다. 그러나 엘리사는 요아스왕에게 하나님을 더욱 의지하는 믿음을 가질 것을 당부합니다.

1. 북이스라엘이 계속해서 아람군대에 의해 고통을 받고 환난을 당하는 까닭은 무엇입니까?
   하나님을 떠난 배교와 인생의 불행에 대해 생각해 봅시다(눅 15:17).

2. 엘리사는 요아스에게 왜 진노했습니까?
   그리고 요아스는 아람왕 벤하닷을 얼마만큼 무찔렀습니까?
   우리가 왜 믿음의 그릇을 잘 준비해야 하는지를 생각해 봅시다(왕하13:18,19,25; 마8:13)

♡ "나는 너를 애굽 땅에서 인도하여 낸 여호와 네 하나님이니 네 입을 크게 열라 내가 채우리라 하였으나"(시81:10)

5

자만하지 맙시다

성경: 왕하 14:1-22, 대하 25:14-17 / 찬송: 570(주는 나를 기르시는 목자)

아마샤는 요아스의 아들이며 그는 하나님 보시기에 정직히 행하는 편이었습니다. 그러나 전심으로 하나님을 구하지 않았습니다. 아마샤는 에돔과의 전쟁에서 승리이후 에돔의 신들을 가져와서 우상을 숭배하기까지 했습니다. 이 과정에서 하나님은 선지자를 통하여 경고했으나 아마샤는 듣지 않았습니다. 오히려 아무 것도 아닌 거짓된 에돔 신을 숭배했습니다. 에돔과의 전쟁은 아마샤의 교만을 불러 일으켰고 아마샤는 북쪽 이스라엘의 요아스에게 전쟁을 신청합니다. 요아스는 아마샤의 교만을 경고하며 전쟁에 나섭니다. 아마샤는 전쟁에서 참패합니다. 그가 이 전쟁에서 패하게 된 것은 하나님을 버리고 교만했기 때문입니다.

1. 요아스의 아들

1. 아마샤는 누구입니까(왕하14:1,2)?

아마샤는 유다의 제9대왕입니다(B.C.796-767).

2. 아마샤는 하나님앞에서 어떤 자이며 그가 하나님께 부족한 점은 무엇이었습니까(왕하14:3,4; 민32:12)?

산당은 산이나 구릉의 꼭대기에 설치된 예배장소입니다. 원래 가나안 사람들이 자신들의 신을 섬기던 곳입니다. 이스라엘 백성들은 이 곳에서 우상을 숭배했습니다. 아마샤는 산당들을 제거하지 않았습니다.

3. 하나님께서 우리에게 원하시는 믿음은 어떤 믿음입니까(신6:5; 마7:13; 22:37; 계3:15)?

당신은 얼마나 전심(全心)으로 하나님을 섬기고 있습니까?

2. 요아스의 복수

1. 아마샤는 왕권이 안정되었을때 어떤 일을 했습니까(왕하14:5)?

2. 아마샤가 자신의 아버지 요아스를 죽인 모반자들의 자녀들을 죽이지 아니한 까닭은 무엇입니까(왕하14:6; 신24:16)?

아마샤는 하나님의 말씀에 순복하여 인간적인 복수를 자제했습니다.

3. 당신은 삶 가운데서 하나님의 말씀을 얼마나 존중하며 살아갑니까(시119:9,11,105; 창39:9)?

3. 아마샤의 자만

1. 아마샤가 북이스라엘왕 요아스에게 사자를 보낸 까닭은 무엇입니까(왕하14:8)?
'서로 대면하자'라는 말은 무슨 뜻입니까?

여기서 '대면하자'는 말은 단순히 만나자라는 의미가 아니라 전쟁을 위한 결투 신청을 의미합니다.

2. 요아스가 아마샤에게 보낸 대답은 무엇입니까(왕하14:9,10)? '레바논 가시나무'와 '백향목'은 각각 누구를 말합니까? 또 '레바논 들짐승'은 누구를 의미합니까?

'가시나무'는 '보잘 것 없는 것'을 가리킬 때 쓰는 말이며 '남유다'를 지칭한 말입니다. 반면에 '백향목'은 '고귀한 것'을 비유한 말이며 '북이스라엘'을 의미합니다. 이것은 요아스가 아마샤의 무모한 도전에 대해 비유를 들어 경고하는 것입니다. '레바논의 들짐승'은 자신의 분수를 모르고 자만하는 가시나무를 '심판하시는 하나님'을 의미합니다. 즉 하나님은 교만한 자를 멸하신다는 뜻입니다.

3. 아마샤가 스스로 자만해진 까닭은 무엇입니까(왕하14:7)?

아마샤는 에돔과의 전쟁에서 승리한 이후에 자신의 전과(戰果)에 자만해졌습니다. 아마샤는 영광을 하나님께 돌리지 아니하는 등 일련의 자만심과 오만함을 가지게 되었습니다(대하25:15).

4. 아마샤와 요아스간의 전쟁의 결과는 어떠합니까(왕하14:12-14, 19)?
   아마샤가 전쟁에서 패한 진정한 원인은 무엇입니까(대하25:14-16,20; 삼상17:47; 잠16:18; 약4:6)?

정리하며

아마샤는 에돔과의 전쟁에서 승리이후 자만하게 되었습니다. 그는 북이스라엘의 요아스에게 전쟁을 신청합니다. 이것은 아마샤가 얼마나 교만하게 되었는지를 말해 줍니다. 당시 북이스라엘은 여러모로 국력이 남유다보다 강대했고 요아스는 아마샤의 교만을 경고합니다. 요아스의 경고에도 아마샤는 북이스라엘과 전쟁을 일으키고 참패하게 됩니다. 사람이 교만하면 패망하게 됩니다. 아마샤도 하나님의 은혜를 알지 못하고 교만하다가 불행한 결과를 얻게 됩니다.

1. 아마샤가 패망하게 된 원인은 무엇인지 정리해 봅시다.

2. 우리가 신앙생활에서 왜 자만하거나 교만해서는 안되는지를 말해 봅시다.
   당신은 삶 가운데서 얼마나 겸손하게 살아 갑니까?

“사람이 교만하면 낮아지게 되겠고 마음이 겸손하면 영예를 얻으리라”(잠29:23)

6

월권하지 맙시다

성경: 열왕기하 14:23-15:12 / 찬송: 453(예수 더 알기 원하네)

북이스라엘 열왕들은 한결같이 여로보암이 만든 금송아지 숭배에 빠집니다. 북이스라엘의 초대왕이었던 여로보암의 길에서 벗어나지를 못합니다. 이것이 또한 하나님의 진노를 사는 행위였고 이들이 형통하지 못했던 까닭입니다.

북이스라엘에 또하나의 문제는 산당제사였습니다.

산당은 가나안의 이교적인 예배였고 여기서 아세라등 우상들을 숭배하는 곳이었습니다. 이스라엘 열왕들이 산당을 제거하지 못하고 이들의 숭배자들과 타협하는 모습을 보게 됩니다.

이것 또한 하나님께서 기뻐하시지 않으신 이유입니다.

아합의 가문을 제거한 예후의 가문은 스가랴를 끝으로 4대만에 끝이 납니다. 그것은 예후에게 주신 하나님의 약속이었고 하나님은 그 약속을 지키셨습니다.

하나님은 말씀하신 바를 반드시 이루시는 하나님이십니다.

1. 여로보암 2세

1. 요아스의 아들 여로보암 2세는 어떤 왕입니까(왕하14:23,24)?

여로보암 2세(B.C.793-753)는 북이스라엘의 제13대 왕이며 예후 왕조의 제4대왕입니다.

2. 여로보암 2세가 이룬 성공적인 치적은 무엇입니까(왕하14:25)?

3. 여로보암 2세가 하나님 보시기에 악한 왕이었음에도 불구하고 하나님은 그를 통하여 이스라엘 영토 확장과 회복을 허락하셨습니다.
   하나님께서 여로보암 2세에게 이러한 일들을 허락하신 이유는 무엇입니까(왕하14:26,27)?

하나님은 이스라엘에게 은혜를 베푸시기 위하여 비록 믿음에서 온전하지 못한 여로보암 2세를 사용하십니다. 하나님의 구원은 은혜에 근거하신 것입니다.

❶ 악인의 통치기간에도 외적으로는 번성하고 성공적으로 보이는 이유를 생각해 봅시다(왕하14:25; 시37:1,2).

2. 아사랴

1. 아사랴는 어떤 왕입니까(왕하15:1-4)?

아사랴(B.C.791-739)는 유다 제10대왕입니다.
그는 '웃시야'로 불립니다.

2. 아사랴는 왜 나병환자가 되었습니까(왕하15:5)?

3. 아사랴가 하나님께 어떤 죄를 범했습니까(대하26:8,16)?

아사랴는 성전제단에서 하나님께 분향을 하려 했습니다. 그러나 이것은 제사장들이 해야 할 사역입니다. 아사랴가 '월권'을 한 것입니다. 이것은 하나님의 율법을 위배하는 행위입니다. 아사랴가 교만하게 행했던 것입니다.

4. 교만이 얼마나 무서운 죄인지를 생각해 봅시다(왕하15:5a; 잠16:18; 약4:6).

아사랴는 하나님의 말씀을 무시할 정도로 교만해졌습니다. 그리고 그는 자신을 제지하는 제사장들의 만류에도 귀를 기울이지 않을 정도로 교만하였습니다.

3. 스가랴

1. 스가랴는 어떤 왕입니까(왕하15:8; 참고, 왕하10:36; 왕하13:1; 왕하14:23)?

스가랴는 북이스라엘의 제14대 왕입니다. 동시에 그는 예후 왕조의 마지막 왕입니다.

2. 스가랴는 하나님앞에서 어떤 왕이었습니까(왕하15:9)?

3. 하나님께서 예후를 통하여 주신 약속은 어떻게 이루어졌습니까(왕하15:12; 왕하10:30)?

정리하며

여로보암 2세 시대에 이스라엘의 영토는 회복되고 확장됩니다. 그러나 이것은 여로보암 2세의 믿음과는 아무런 상관이 없습니다. 하나님께서 언약을 기억하시고 이스라엘 백성들에게 베풀어 주신 은혜 때문입니다. 아사랴는 교만하여져서 성전에 들어가 제단위에 분향을 하려고 했습니다. 그러나 이것은 명백하게 제사장들이 하여야 할 사역입니다. 이것은 아사랴가 하나님의 말씀을 무시하는 행위입니다. 그는 그 자리에서 하나님의 저주를 받고 나병에 걸리고 말았습니다. 아사랴는 부와 번영으로 교만하여져서 망하게 된 것입니다. 누구나 교만하면 넘어지고 패망하게 됩니다.

1. 아사랴는 왜 교만하게 되었습니까? 교만의 결과는 무엇이었습니까?
   우리가 왜 하나님앞에서 겸손해야 합니까?

2. 하나님은 예후에게 주신 약속을 이루셨습니다. 그의 왕조는 하나님의 약속대로 4대간 이어졌습니다. 하나님은 어떤 분이신지 말해 봅시다(민23:19; 시33:11; 사55:11)?

♡ "그러나 더욱 큰 은혜를 주시나니 그러므로 일렀으되 하나님이 교만한 자를 물리치시고 겸손한 자에게 은혜를 주신다 하였느니라"(약 4:6)

7

하나님의 종이 됩시다

성경: 열왕기하 16:1-20 / 찬송: 528(예수가 우리를 부르는 소리)

아하스왕은 남유다의 역대 왕들 가운데서도 단연 최악의 배교자중 한명입니다. 그가 행한 일들을 보면 그가 얼마나 하나님께 불순종하고 거역한 인물이었는지를 알수 있습니다.

그는 하나님을 의지하기보다 앗수르를 더 의지하고 신뢰하며 복종하였습니다.

아하스는 하나님을 존중하는 마음도 없었습니다. 그는 하나님의 성전을 망령되이 다루었고 자신의 마음대로 성전의 구조도 변경시켰습니다.

그리고 제사장 우리야는 이런 아하스의 명령을 그대로 따라함으로써 참된 사역자가 아니라 타락한 사역자가 되었습니다.

참된 사역자는 하나님의 말씀을 순종하는 자이며 하나님의 뜻을 이루는 자입니다. 그러나 우리야는 제사장이 되어 하나님의 말씀을 지키고 수호하기보다 아하스의 우상숭배와 배교를 따르고 수행하는 타락한 성직자입니다.

1. 아하스

1. 아하스는 어떤 왕입니까(왕하16:1)?
   그는 하나님앞에서 어떤 왕입니까(왕하16:2-4)?

아하스는 남유다의 제12대왕(B.C.735-716)입니다.

2. 아하스의 통치기간에 누가 유다를 치러 왔습니까(왕하16:5,6)?

3. 아하스는 하나님보다 무엇을 더 의지하였습니까(왕하16:7)?
   아하스의 불신앙에 대하여 말해 봅시다(사7:10-12)?

아하스는 하나님께 간구하라는 선지자 이사야의 권면을 거절하고 인간의 도움(앗수르 왕)을 더 의지합니다.

❶ 왜 사람들은 하나님을 의지하기 보다 눈에 보이는 인간을 더 신뢰하고 의지할까요?

2. 다메섹 제단

1. 아하스가 앗수르의 구원을 받으려고 왕수르 왕에게 보낸 것은 무엇입니까(왕하16:8)?

2. 아하스가 앗수르 왕에게 보낸 예물은 어떤 점에서 문제가 있습니까(왕하16:8)?

아하스가 앗수르 왕에게 보낸 예물에는 하나님께 바쳐졌던 헌물이 있었습니다. 아하스는 여호와의 성전에 있는 성물까지도 앗수르 왕에게 뇌물로 바치는 망령된 자였습니다.

3. 아하스가 앗수르인들의 우상제단을 예루살렘에 세운 이유는 무엇입니까(왕하16:10,11)?

아하스는 앗수르 왕을 기쁘게 하려고 앗수르인들이 섬기는 우상제단을 예루살렘에 세웠습니다. 아하스는 하나님보다 앗수르를 더 신뢰하고 의지했습니다. 그에게 앗수르가 하나님이었습니다.

3. 제사장 우리야

1. 제사장 우리야가 왕이 돌아 오기도 전에 우상의 제단을 세운 이유는 무엇입니까(왕하16:11)?

제사장 우리야는 아하스 왕을 기쁘게 하려고 우상의 제단을 완성한 것입니다.

2. 우리야는 어떤 점에서 잘못된 제사장이었습니까(왕하16:16; 대하26:17,18; 삼상15:24; 사56:10; 출20:2-5)?

우리야는 왕의 명령이 하나님의 율법과 말씀에 명백하게 위반된 잘못된 것임을 알고서도 왕의 명령대로 따랐습니다. 이것은 우리야가 전혀 제사장으로서의 자격이 없음을 의미합니다. 그는 하나님의 말씀이나 진리수호에는 전혀 관심이 없고 그저 왕의 명령이 무엇이든지 현실적인 권력에 야합하고 아부하는 타락한 제사장입니다.

3. 하나님의 일군으로서 바람직한 사명자의 자세는 무엇입니까(왕상13:8; 22:13,14; 갈1:10)?

당신은 하나님앞에서 바람직한 직분자요 사명자로서 살아 가고 있습니까?

정리하며

아하스는 남유다에 망령된 왕들 가운데 한명입니다. 그는 하나님보다 눈에 보이는 앗수르와 왕수르왕을 더 의지하고 신뢰했습니다. 아하스에게 앗수르가 하나님이었습니다. 그는 하나님의 성전의 구조를 자신의 마음대로 변경하는 망령된 행위를 했습니다. 제사장 우리야는 자신의 직분을 망각한 채 아하스가 시키는 대로 맹종했습니다. 그는 하나님의 말씀의 진리편에 서지 않고 망령된 왕의 명령에만 아부하는 타락한 제사장이었습니다. 우리야는 하나님을 기쁘시게 하는 제사장이 아니라 왕을 기쁘게 하는 타락한 제사장이었습니다.

1. 제사장 우리야는 어떤 점에서 타락한 제사장입니까?
   제사장 우리야가 기쁘게 한 대상은 누구입니까?
   당신은 누구를 기쁘게 하는 사람입니까?

"이제 내가 사람들에게 좋게 하랴 하나님께 좋게 하랴 사람들에게 기쁨을 구하랴 내가 지금까지 사람들의 기쁨을 구하였다면 그리스도의 종이 아니니라"(갈1:10)

8

하나님의 음성에 귀를 기울입시다

성경: 열왕기하 17:1-23 / 찬송: 280(천부여 의지 없어서)

하나님의 말씀을 버리고 언약을 져버린 북이스라엘은 마침내 앗수르에게 멸망을 당하고 맙니다. 하나님은 선지자들을 보내셔서 계속해서 언약의 회복과 회개를 촉구하며 그들이 다시 하나님께로 돌아 올 것을 요구하셨습니다. 그러나 그들은 끝내 하나님의 경고를 거부하고 허망하고 헛된 우상숭배에 빠져 파멸에 이르고 맙니다. 이들은 불순종의 결과로 약속의 땅에서 쫓겨나고 마침내 낯선 이방의 땅으로 포로로 붙잡혀 가는 비참한 신세가 됩니다. 북이스라엘의 멸망은 하나님을 떠나 하나님의 말씀을 버리고 거짓된 우상숭배와 배교에 빠진 죄때문입니다.

1. 마지막 왕

1. 북이스라엘의 마지막 왕은 누구입니까(왕하17:1,2)?

북이스라엘은 어느 나라에 의하여 멸망을 당합니까(왕하17:3-

6)?

북이스라엘의 마지막 왕은 호세아(B.C.732-722)입니다.

북이스라엘은 B.C.722년에 앗수르에 의해 멸망을 당했습니다.

2. 북이스라엘이 멸망을 당한 진정한 원인은 무엇입니까(왕하 17:7-11)?

북이스라엘이 앗수르에게 멸망을 당한 것은 군사적 경제적 사회적 요인이 아니었습니다. 그것은 그들이 하나님을 버리고 하나님의 말씀을 버렸기 때문입니다. 그들은 하나님의 언약의 말씀을 버리고 우상숭배에 빠져 배교하였기때문입니다.

3. 북이스라엘의 멸망을 초래한 결정적인 죄는 무엇입니까(왕하 17:12; 출20:3)?

우상숭배는 '섬기는 대상'에서부터 잘못된 행위입니다. 오직 하나님만을 섬김으로 시작되는 믿음생활이 '섬겨야 할 대상'에서부터 잘못됐다는 것은 아예 근원에서부터 이들의 믿음이 잘못되었다는 것을 의미합니다.

2. 목이 곧은 백성

1. 하나님은 이들에게 각각 어떻게 기회를 주셨습니까(왕하 17:12,13)?

첫째, 이미 기록된 말씀에 경고가 주어져 있습니다(왕하17:13b; 출20:3-6; 신4:23-26).

둘째, 각 선지자와 선견자들을 보내셔서 이들에게 돌이켜 회개할 것을 경고하셨습니다(왕하17:13a ; 참고, 눅16:29).

2. 이들은 하나님께서 주신 소중한 기회를 어떻게 하였습니까(왕하17:14)?

'목을 곧게 한다'는 말의 의미는 무엇입니까(왕하17:14)?

'목을 곧게 하다'는 말은 개역한글에서는 '굳게 하다'로 되어 있었습니다. 히브리어로 '카샤'이며 '굳은(hard)', '완고한(Stubborn)'의 의미가 있습니다. 이것은 이들이 하나님의 말씀을 거부하며 듣지 않고 자기의 고집을 부리며 완고하고 뻣뻣한 태도를 가지고 하나님의 인도하심을 거부하는 것을 말합니다(마23:37).

3. 이들이 하나님대신에 따라 간 것은 무엇입니까(왕하17:15,16)?

'허무한 것'은 히브리어로 '헤벨'이며 '헛된 것, 무가치한 것(vanity)'을 의미합니다. 이들이 하나님대신에 선택한 우상들의 실체가 이런 헛되고 무가치한 것들임을 말씀하는 것입니다.

❶ 당신은 우상들의 실체가 참으로 헛되고 무가치한 존재들인 것을 인정하고 계십니까?

3. 하나님의 심판

1. 이들의 우상숭배와 배교의 근본원인은 어디에 있습니까(왕하 17:17)?

'스스로 팔리다'라는 말은 이들이 스스로 우상숭배와 배교의 행위들을 선택했다는 뜻입니다. 누가 강요한 것이 아니라 자신들이 스스로 좋아서 하나님대신에 우상들을 숭배했다는 뜻입니다. 이들은 자신들의 내적인 죄의 정욕과 욕망이 이끄는대로 본능대로 죄와 방종의 노예가 되었음을 의미합니다(약1:14).

2. 하나님은 끝내 회개의 기회를 거부한 이들에게 어떤 심판을 내리십니까(왕하17:20)? '노략꾼의 손'은 무엇을 의미합니까(왕하17:20)?

노략꾼의 손은 북이스라엘과 남유다를 멸망시킨 '앗수르'와 '바벨론'을 말합니다. 이들은 배교하고 우상숭배하는 이스라엘을 심판하시는 하나님의 진노의 채찍들이었습니다.

3. 하나님을 버린 북이스라엘이 당한 비참한 결과는 무엇입니까 (왕하17:23)?

가나안 땅은 하나님께서 이들에게 주신 약속의 땅이요 축복의 땅입니다. 그러나 이들이 하나님의 언약을 버리고 하나님을 버렸을 때 하나님은 이들을 축복의 땅에서 추방하셨습니다(신28:63,64). 타락한 이들에게 영원히 가나안 땅이 허락되지는 않았습니다. 에덴동산에서 아담과 하와를 추방하셨듯이(창3:23,24) 이들도 축복의 땅에서 추방하셨습니다. 우상숭배와 배교의 댓가는 하나님께서 베푸신 복의 상실입니다.

정리하며

하나님을 버리고 하나님의 언약의 말씀을 떠나 우상숭배에 빠지고 타락한 백성들은 끝내 하나님께 돌아오지 않았습니다. 하나님은 심판의 막대기를 드시고 마침내 회개하지 않는 북이스라엘을 앗수르를 통하여 멸망시키셨습니다. 북이스라엘은 군사력이 약해서 망한 것이 아닙니다. 그들이 경제력이 약해서 망한 것도 아닙니다. 그들이 망하게 된 것은 하나님을 버리고 하나님의 언약의 말씀을 버리고 불순종하며 우상숭배에 빠져 돌이킬수 없는 타락의 길을 갔기 때문입니다. 이들은 하나님의 말씀을 버렸고 하나님께서 보내신 선지자의 경고의 말씀도 듣지 않았습니다.

1. 북이스라엘이 멸망한 근본적인 까닭을 정리해 봅시다.
   그들은 왜 축복의 땅에서 추방을 당했습니까?

2. 우리 인생의 참된 행복의 길은 어디에 놓여 있습니까?

“볼지어다 내가 문 밖에 서서 두드리노니 누구든지 내 음성을 듣고 문을 열면 내가 그에게로 들어가 그와 더불어 먹고 그는 나와 더불어 먹으리라”(계3:20)

9

믿음으로 살고자 결단합시다

성경: 열왕기하 18:1-37 / 찬송: 442(저 장미꽃 위에 이슬)

히스기야는 하나님께 좋은 평가를 받은 왕입니다.

히스기야는 그의 아버지 아하스와 달리 앗수르를 버리고 하나님께로 향했습니다. 이것은 참으로 어려운 결단입니다. 앗수르는 북이스라엘을 멸망시킨 강대국이었습니다.

히스기야의 아버지 아하스도 이런 앗수르에게 벌벌 떨며 조공을 바치던 그런 나라였습니다.

히스기야는 사람을 의지하지 아니하고 하나님을 의지하기로 했습니다.

하나님은 히스기야에게 은혜를 베푸시고 그에게 형통의 복을 주셨습니다. 히스기야는 블레셋을 쳐서 영토까지 회복시키는 일을 합니다. 다만 앗수르는 배반한 히스기야를 그냥 놔두지를 않았습니다.

믿음으로 사는 일에는 어려움이 따릅니다. 앗수르의 침략으로 히스기야는 많은 시련을 겪게 됩니다. 랍사게는 온갖 오만하고 모독적인 말로 히스기야와 하나님을 향하여 비방합니다.

1. 히스기야

1. 히스기야는 어떤 왕입니까(왕하18:1,2)?

히스기야는 남유다의 제13대 왕이며 B.C.728-687년까지 통치한 남유다의 대표적인 믿음의 왕입니다.

2. 히스기야는 하나님앞에서 어떤 왕입니까(왕하18:3-5)?

3. 히스기야는 하나님께 얼마나 충성되었습니까(왕하18:6)?

'연합하다'는 히브리어로 '다바크'인데 '하나가 됨(joining)'이라는 의미를 가집니다. 이 말은 히스기야가 하나님과 하나가 되듯이 연결된 영적 상태를 의미합니다. 히스기야가 하나님과 영적교통을 나누며 온전한 연합을 이루고 있음을 의미합니다(요15:10).

❶ 당신은 하나님과 어느 정도의 연합의 관계를 가지고 있습니까?

2. 히스기야의 형통

1. 하나님과 온전한 연합을 가지는 히스기야에게 허락된 복은 무엇입니까(왕하18:7; 수1:7; 시1:1)?
   '형통'이라는 말이 의미하는 바는 무엇입니까?

'형통하다'라는 말은 히브리어 '사칼'에서 나온 말이며 '신중하다', '분별력이 있다'라는 의미입니다. 사칼의 형통은 히스기야가 하나님의 말씀을 마음에 두고 그 말씀에 순종하고 지혜롭게 분별함으로 얻게 된 형통을 의미합니다.

2. 히스기야는 그의 부친 아하스가 의지하던 앗수르와 관계를 끊고자 했습니다. 이것은 어떤 영적인 의미를 가지고 있습니까(왕하18:7b; 왕하16:7,8; 사2:22)?

히스기야가 앗수르와 관계를 끊은 것은 단순히 앗수르에게 반발하고 도전한 것이 아닙니다. 그것은 더 이상 앗수르를 의지하지 않고 하나님만 의뢰하겠다는 히스기야의 믿음의 결단이었습니다. 이것은 현실적으로 대단히 어려운 결단입니다.

3. 앗수르와 관계를 끊는 데에는 어떤 현실적 어려움이 있습니까(왕하16:7-9,18; 왕하17:5,6)?
믿음에는 왜 결단이 필요합니까(단1:8)?

앗수르는 히스기야의 부친 아하스가 예물을 바치며 하나님보다 더 신뢰하고 의지하던 나라였습니다. 또한 아하스는 앗수르를 두려워했고 앗수르는 실제로 북이스라엘을 멸망시킬 정도로 강력한 나라였습니다. 눈에 보이는 현실적인 힘을 무시하기란 대단히 어려운 일입니다. 그러나 히스기야는 눈에 보이지 아니하시는 더 큰 능력이신 하나님을 의지했습니다.

3. 믿음의 시련

1. 누가 남유다를 공격합니까(왕하18:13)?
   앗수르가 남유다를 공격한 이유는 무엇입니까(왕하18:7,8,)?

앗수르가 남유다를 공격한 것은 히스기야가 앗수르를 배격하고 하나님을 의뢰하는 쪽으로 방향을 바꾼 것에 대한 보복입니다. 앗수르는 자신들을 배반한 히스기야를 그대로 두고만 볼 수는 없었던 것입니다.

2. 믿음으로 살고자 하는 자에게 일어나는 현실적인 시련들에 대하여 생각해 봅시다(행14:22; 약1:2,3).

믿음으로 살겠다고 결단한다고 해서 어려움이 없는 것은 전혀 아닙니다. 믿음으로 살겠다고 결단하고 나면 오히려 더 어려운 현실적인 문제가 발생 할 수도 있습니다. 그러나 그럼에도 불구하고 우리들은 믿음으로 살기 위하여 결단하는 용기를 가져야 합니다. 그것이 하나님을 기쁘시게 하는 길입니다.

3. 앗수르의 야전군 지휘관 랍사게가 히스기야에 대하여 비방한 내용은 무엇입니까(왕하18:22,30; 대하32:5-8)?

현실적인 힘을 무시한 히스기야를 앗수르는 마음껏 비웃었습니다. 눈에 보이는 현실적인 힘을 무시하고 보이지 아니하시는 하나님을 선택한 히스기야는 그들에게 심히 어리석은 자로 보였을 것입니다.

4. 랍사게가 하나님을 대적하여 행한 교만은 무엇입니까(왕하18:32-35 ; 잠29:23)?

하나님은 어떤 분이십니까(신4:33,34)?

랍사게는 '여호와 하나님'을 자신들이 정복했던 여러 국가들이 섬기던 많은 신들중 한 분으로 모독했습니다. 하나님을 많은 국가의 신들 가운데 하나로 폄하했습니다. 그리고 하나님을 자신들이 정복했던 나라들의 무능한 그런 유의 신으로 조롱한 것입니다.

정리하며

히스기야는 남유다의 빛나는 믿음의 성군입니다. 그는 아버지 아하스가 섬기던 앗수르를 과감하게 버리고 관계를 끊어 버립니다. 그것은 더 이상 앗수르를 의지하지 않고 오직 하나님만 의지하겠다는 히스기야의 믿음의 결단이었습니다. 이것은 대단히 어려운 결단입니다. 앗수르는 당시 국제적인 강대국이었고 남유다는 앗수르의 군사력을 감당할 수 없는 약소국이었습니다. 그러나 히스기야는 하나님을 신뢰했습니다. 그는 하나님을 의뢰하고 앗수르에게서 돌아섰습니다. 앗수르는 자신들을 배반한 히스기야를 용서하지 않았습니다. 그들은 즉각 보복에 나섰고 히스기야는 앗수르를 배반한 댓가를 치러야 했습니다.

1. 히스기야가 앗수르에게서 돌아선 이유는 무엇입니까? 이것은 어떻게 어려운 결단입니까? 당신은 하나님을 얼마나 신뢰하는 사람입니까?

2. 히스기야가 앗수르와 관계를 끊고 당한 어려움은 무엇입니까? 우리가 믿음으로 살고자 결단할 때 어떤 어려움이 존재합니까? 믿음으로 살고자 결단하고 당한 어려움이 있었다면 나누어 봅시다.

♡ "다니엘은 뜻을 정하여 왕의 음식과 그가 마시는 포도주로 자기를 더럽히지 아니하리라 하고 자기를 더럽히지 아니하도록 환관장에게 구하니"(단1:8)

오직 하나님께 도움을 구합시다

성경: 열왕기하 19:1-37 / 찬송: 545(이 눈에 아무 증거 아니 뵈어도)

히스기야는 랍사게의 비방과 모욕의 말을 듣고 옷을 찢고 굵은 베를 두르며 극한 고통과 슬픔을 표현합니다.

히스기야는 자신에게 일어난 시련에 대하여 하나님을 의지합니다. 먼저 선지자에게 사람을 보내 기도를 부탁합니다. 히스기야가 고난가운데 택한 것은 하나님을 향한 절대적 신뢰였습니다. 그는 선지자를 찾았고 기도를 부탁했습니다.

앗수르의 압박과 협박은 계속되었고 급기야 산헤립은 사자를 통하여 편지까지 써서 히스기야에게 항복을 요구하였습니다. 하나님을 의지하지 말라고 경고까지 했습니다.

히스기야는 산헤립의 협박 편지문을 들고 하나님의 성전에 들어가 기도했습니다.

하나님은 히스기야의 기도를 들으시고 산헤립의 군대를 특별하신 능력으로 정리하셨습니다. 산헤립 자신도 앗수르로 돌아가 살해를 당합니다.

1. 환난의 날

1. 랍사게의 모독적이고 치욕적인 말을 들은 후 히스기야가 한 행동은 무엇입니까(왕하19:1)?

히스기야가 자신의 옷을 찢었습니다. 옷을 찢는 것은 당면한 문제에 대한 분노와 슬픔의 표현입니다. 굵은 베를 두른 것도 하나님앞에서 자신을 낮추고 고통가운데서 하나님의 도우심을 바라는 믿음의 자세입니다.

2. 히스기야가 자신에게 닥친 어려움과 시련을 어떻게 해결 하고자 했습니까(왕하19:1b,15; 시50:15; 히4:16; 빌4:7)?

히스기야는 절박하고 어려운 상황에서 오직 하나님께 도움을 구하였습니다. 그가 여호와의 성전을 찾은 것은 하나님께 도움을 구하고자 하는 그의 믿음때문입니다(히4:16).

3. 동시에 히스기야는 누구에게 도움을 요청합니까(왕하19:2)?

이사야(B.C.740-681)는 웃시야와 요담과 아하스와 히스기야 므낫세 시대에 활동했던 남유다의 선지자입니다. 히스기야가 선지자 이사야를 찾은 것도 오직 하나님께 도움을 구하는 마음 때문입니다.

2. 절박한 기도

1. 히스기야는 이사야 선지자에게 자신이 처한 상황의 어려움을 어떻게 표현합니까(왕하19:3)?
   '아이를 낳을 때가 되었으나 해산 할 힘이 없다'는 말은 무엇을 의미합니까?

앗수르를 대항하여 전쟁을 해서 이겨야 하지만 정작 남유다는 앗수르를 상대로 전쟁에서 이길 능력이 없다는 뜻입니다. 이것은 앗수르를 이기고 쉽지만 현실적으로 불가능한 히스기야의 무능한 현실을 말해 주고 있습니다. 오직 하나님의 도우심이 아니고서는 도저히 앗수르로부터 구원받을 방법이 없음을 말해 줍니다.

❶ 당신은 자신의 힘으로는 도저히 해결할 수 없는 그런 무능한 상황에 처해 본 적은 없습니까? 그때의 느끼는 답답함을 말해 봅시다.

2. 히스기야가 이사야에게 구한 도움은 무엇입니까(왕하19:4b)?

3. 히스기야는 하나님을 어떤 하나님으로 고백하고 있습니까(왕하19:4a; 막12:27)?

랍사게는 하나님을 무능한 여러 신들중의 하나로 모독하고 조롱했지만 히스기야는 하나님의 전능하심과 능력을 절대 신뢰하며 믿고 있었습니다. 히스기야는 하나님께서 얼마든지 이 위기 상황을 해결해 주실 수 있는 전능하시고 살아계신 분이심을 고백하고 있습니다.

3. 하나님의 구원

1. 히스기야가 산헤립의 편지를 들고 하나님께 기도한 내용은 무엇입니까(왕하19:14,15,16)?

2. 하나님은 히스기야에게 어떻게 응답하셨습니까(왕하19:6,7)? 하나님을 모독한 산헤립은 어떻게 되었습니까(왕하19:35-37)?

3. 시련과 환난 가운데서도 하나님을 의지하고 신뢰하며 기도하는 자들에게 베푸시는 하나님의 은총은 무엇입니까(왕하19:20; 마6:6; 눅18:7; 약5:16)?

하나님은 자신을 온전히 신뢰하고 의지하는 자에게 능력을 베푸시며 역사해 주시는 분입니다.

정리하며

앗수르의 엄청난 압박과 랍사게의 모독적인 말을 들으며 히스기야는 끝까지 믿음에서 흔들리지 않았습니다. 그는 산헤립의 협박편지를 들고 하나님의 성전으로 갔습니다. 그리고 그는 하나님께 도우심을 구했습니다. 히스기야는 자신의 힘으로는 도저히 이 난국을 헤쳐나갈 능력이 없었습니다. 오직 하나님의 도우심을 바라며 기도했습니다. 끊임없이 산헤립과 랍사게는 히스기야의 믿음을 흔들었지만 히스기야는 하나님을 신뢰하는 믿음에서 물러나지 않았습니다. 고통의 시련속에서 하나님은 히스기야에게 구원의 응답을 주셨고 하나님의 기적으로 말미암아 앗수르는 군대 십팔만 오천 명을 잃고 퇴각하게 됩니다.

1. 산헤립과 랍사게의 엄청난 압박을 받으며 히스기야가 문제해결을 위해 선택한 길은 무엇입니까?
   당신은 시련과 고통의 순간에 하나님을 얼마나 의지하고 신뢰합니까?

2. 하나님은 히스기야를 위하여 어떤 놀라운 일을 행하셨습니까?
   하나님은 어떤 분이신지를 말해 봅시다.

♡ "환난 날에 나를 부르라 내가 너를 건지리니 네가 나를 영화롭게 하리로다"(시50:15)

11

하나님만 자랑합시다

성경: 열왕기하 20:1-21 / 찬송: 331(영광을 받으신 만유의 주여)

히스기야는 병들어 죽게 되었고 선지자 이사야도 히스기야에게 죽을 준비를 하라고 권했습니다. 그러나 히스기야는 사망선고를 듣고 눈물의 기도를 드립니다.

자신에게 좀더 생의 기회를 달라고 눈물로 기도한 것입니다. 하나님은 히스기야의 기도를 들으시고 15년의 생명을 더 부여해 주십니다.

그리고 바벨론의 사절단이 히스기야에게 왔고 히스기야는 자신이 어떻게 병이 나았는지에 대하여 하나님께 영광을 돌리지 않았고 앗수르에게서 구원받은 하나님의 은혜에 대하여도 증거하지 않았습니다.

히스기야는 교만하여져서 오히려 바벨론의 사절단에게 자신의 부와 권세를 자랑하는 자만의 죄를 범하고 말았습니다.

하나님은 베푸신 은혜에 감사하거나 영광을 돌리지 아니하는 히스기야에게 진노하셨습니다.

1. 히스기야의 병

1. 그때에 히스기야에게 어떤 중대한 일이 있었습니까(왕하20:1)? 병에 대한 하나님의 주권과 섭리에 대하여 생각해 봅시다(왕하13:14; 욥2:6,7; 딤전5:23; 고후12:7).

2. 자신에 대한 죽음선고의 말씀을 듣고 난후 히스기야는 어떤 행동을 합니까(왕하20:2,3)?
히스기야는 얼마나 간절하게 기도합니까(왕하20:3b)?

3. 히스기야의 눈물의 기도에 하나님은 어떻게 응답하셨습니까(왕하20:5,6)?
기도의 능력에 대하여 생각해 봅시다(렘33:3; 마7:11; 눅18:7).

하나님은 인간의 간절한 기도와 눈물의 기도를 외면하지 않으십니다(삼상1:19.

2. 바벨론의 사절단

1. 바벨론의 왕이 히스기야에게 사신을 보낸 이유는 무엇입니까(왕하20:12; 대하32:31)?

당시에 바벨론은 남유다와 동맹을 맺어 앗수르의 지배에 대항하고자 하였습니다.

2. 히스기야가 바벨론의 사절단에게 무엇을 보여 주었습니까(왕하20:13,15)?

3. 히스기야가 바벨론의 사신들에게 자신의 보물들을 모두 보여 준 것은 어떤 문제가 있습니까(왕하20:17,18; 대하32:25)?

히스기야는 바벨론의 사절단에게 유다가 어떻게 앗수르로부터 구원을 받았는지와 자신의 병이 어떻게 하나님의 능력으로 고침을 받았는가를 전하고 하나님께 영광을 돌리기보다는 오히려 유다의 보물들과 군사력을 보여 주면서 히스기야 자신의 힘과 부를 자랑하는 자만함을 보였습니다.

3. 히스기야의 자만

1. 히스기야의 자만함에 대한 하나님의 징계는 무엇입니까(왕하20:17; 고전10:12)?

자만이란 하나님의 은혜와 영광을 나타내기보다 자신의 업적이나 공로를 내세우는 것입니다.

2. 히스기야의 후손들이 장차 당할 어려움은 무엇입니까(왕하20:18)?

3. 하나님께 받은 바 은혜에 대하여 감사하며 영광을 돌리지 않고 겸손하지 못한 것이 하나님께 얼마나 죄가 되는지에 대하여 생각해 봅시다(대하32:25; 시50:23).

정리하며

히스기야는 병들어 죽게 되었고 선지자 이사야는 히스기야에게 정리를 하고 죽음을 준비하라고 권면했습니다. 그러나 히스기야는 눈물로 하나님께 기도했습니다. 하나님은 히스기야의 간절한 기도를 들으시고 그에게 15년간의 생명을 연장시켜주셨습니다.
이후에 바벨론에서 사절단이 히스기야를 찾아 왔고 그는 사절단앞에서 자랑하고 자만하는 행동을 합니다. 지금까지 자신에게 은혜를 베풀어 주신 하나님께 영광을 돌리지 않고 자신이 스스로 자랑하며 영광을 가로챕니다. 하나님은 히스기야의 이러한 자랑과 교만을 기뻐하지 않으셨습니다. 하나님은 그 누구도 하나님의 은혜를 망각한채 자만과 교만에 빠지는 것을 기뻐하지 않으십니다.

1. 히스기야는 죽음의 선고를 듣고 난후 무엇을 했습니까?
   그가 하나님께 어떤 응답을 받았습니까?
   당신은 하나님께 뜨거운 기도를 드려본 적이 있습니까?

2. 히스기야는 하나님앞에서 어떻게 범죄했습니까?
   당신은 하나님의 은혜를 망각한채 자신을 자랑하고 자만한 적은 없습니까?

♡ "그러나 내게는 우리 주 예수 그리스도의 십자가 외에 결코 자랑할 것이 없으니 그리스도로 말미암아 세상이 나를 대하여 십자가에 못 박히고 내가 또한 세상을 대하여 그러하니라"(갈6:14)

12

하나님께 죄를 자백합시다

성경: 왕하 21:1-18, 대하 33:10-13 / 찬송: 273(나 주를 멀리 떠났다)

므낫세는 히스기야의 아들입니다. 그런데 그가 어떻게 아버지와 달리 그렇게 패역하고 타락한 왕이 될수 있었는지는 참으로 의문입니다. 므낫세는 남유다의 백성들을 미혹하여 자신이 우상숭배의 길에 앞장을 섭니다. 그는 자신의 아버지와는 전혀 다른 삶을 삽니다. 하나님은 므낫세의 우상숭배와 배교에 진노를 하시고 그를 이방의 적들에게 넘기십니다. 포로로 끌려간 므낫세는 그제서야 하나님께 회개하고 참회를 합니다. 자신의 잘못을 뉘우치고 하나님의 도움을 구합니다. 사랑과 긍휼이 많으신 하나님은 므낫세의 회개기도를 들으시고 그를 다시 예루살렘으로 돌아오게 합니다. 그는 이제야 하나님의 존재를 인정하고 믿음의 길로 갑니다.

1. 히스기야의 아들

1. 므낫세는 어떤 왕입니까(왕하20:21, 21:1; 대하33:1)?

므낫세는 히스기야의 아들이며 남유다의 제14대 왕입니다. 그는 B.C.697-B.C.642년까지 55년간 통치했습니다. 그는 아버지 히스기야와는 반대로 남유다를 우상숭배와 타락으로 이끈 망령된 자였습니다.

2. 므낫세가 하나님 앞에서 저지른 종교적인 죄악들은 무엇입니까(왕하21:2-7)?

므낫세는 하나님의 성전안에까지 이방신들의 제단을 쌓고 우상숭배를 하였습니다(왕하21:4,5). 므낫세의 종교적 타락은 역대의 그 어떤 왕들보다 더욱 사악하고 악한 것이었습니다.

3. 하나님께서 원하시는 통치자의 모습은 무엇입니까(왕하21:7,8; 삼하 7:8-16)?

2 줄과 다림 추

1. 므낫세가 지도자로서 범한 죄악은 무엇입니까(왕하21:9)?

백성들을 타락하도록 조장하고 유혹한 것입니다.

2. 하나님께서 이들에게 선지자들을 보내시는 목적은 무엇입니까(왕하21:10)?

하나님께서 선지자들을 보내시는 목적은 크게 두가지입니다.
첫째는 회개하고 죄에서 돌이키기 위하여 선지자를 보내십니다.
듣고 회개하라는 것입니다. 돌이키라는 것입니다.
두 번째는 하나님의 심판을 전하는 것입니다. 이미 회개의 단계를 넘어 징계에 들어갔을 때 선지자를 보내 심판을 선고하십니다.

3. 하나님께서 장차 유다에 내리실 재앙은 얼마나 무서운 재앙이 됩니까(왕하21:12)?

'듣는 자마다 두 귀가 울린다'는 말의 의미는 무엇입니까(왕하 21:12b)?

'듣는 자마다 두 귀가 울린다'는 것은 이제까지 들어 본 적이 없는 그런 엄청난 재앙이 남유다에 일어나게 될 것임을 경고하는 것입니다. 장차 이 재앙의 소문을 듣는 자마다 귀가 울릴 정도로 놀라게 될 것임을 의미합니다(참고, 삼상3:11).

4. 하나님께서 유다의 죄를 달아 보시기 위하여 사용하신 도구들은 무엇입니까(왕하21:13)?

하나님은 북이스라엘의 타락과 죄를 달아 보시고 심판하셨습니다. 동일하게 유다의 죄에 대해서도 달아 보시고 심판하시고자 하십니다. '잰 줄'은 땅을 측량할 때 쓰는 '자'나 '줄'을 의미합니다. '다림 보는 추'는 바닥의 수평 여부를 보고자 사용하는 건축도구입니다. 하나님은 유다의 죄와 타락을 일정한 기준과 측량도구를 가지고 재어 보시고 심판하시겠다는 말씀입니다.

3. 므낫세의 참회

1. 므낫세의 사악한 범죄는 어느 정도였습니까(왕하21:16)? '므낫세가 흘린 무죄한 자의 피'는 무엇을 말합니까(대하33:10,11)?

요세푸스의 『유대고대사Ⅱ』에 따르면, 므낫세는 하나님을 경멸하는 것을 출발점으로 해서 많은 의로운 사람들을 죽였고 심지어 선지자들조차도 남겨두지 아니하고 매일 살인을 일삼았다고 합니다. 므낫세의 명령으로 이사야 선지자도 톱으로 두 토막으로 잘려 순교했다고 합니다.

2. 하나님은 므낫세를 어떻게 심판하셨습니까(대하33:11)? 그의 비참함에 대하여 생각해 봅시다.

3. 므낫세가 심판을 받으면서 하나님을 향하여 어떤 자세를 가졌습니까(대하33:12,13)?

4. 므낫세가 하나님의 심판을 받으면서 깊이 깨닫게 된 것은 무엇입니까(대하33:13b)?

므낫세는 하나님의 심판을 받으면서 자신이 하나님께 엄청난 죄악을 범한 것을 깨달았습니다. 그는 하나님께 참회의 기도를 드렸고 하나님은 므낫세에게 다시한번 예루살렘으로 돌아 올수 있는 기회를 주셨습니다. 그리고 그는 예루살렘으로 돌아와 전혀 다른 사람으로 변화가 되어 경건한 삶을 추구합니다.

정리하며

므낫세는 히스기야의 아들이었지만 아버지와는 전혀 다른 삶을 삽니다. 그는 우상숭배자요 배교자였습니다. 므낫세는 악한 왕이었고 예루살렘에서 수많은 의인들의 피를 흘렸습니다. 하나님은 므낫세의 죄악을 앗수르 군대를 들어 치시고 심판하셨습니다. 그는 쇠사슬로 묶여 바벨론으로 포로로 끌려 갑니다. 그곳에서 므낫세는 하나님께 자신의 죄악을 깊이 참회하고 용서를 구합니다. 하나님은 므낫세의 기도를 들으시고 다시한번 그에게 기회를 주셔서 예루살렘으로 돌아오게 하십니다. 그는 예루살렘으로 돌아와서 이제 경건한 삶을 추구하게 됩니다.

1. 하나님은 유다의 죄악을 달아 보시기 위하여 무엇을 사용하셨습니까?
   하나님은 어떤 분이신지 말해 봅시다.

2. 므낫세가 바벨론으로 포로로 끌려가서 깨닫게 된 것은 무엇입니까?
   므낫세의 참회의 기도에 응답해 주신 하나님은 어떤 분이십니까?

♡ "이미 도끼가 나무 뿌리에 놓였으니 좋은 열매 맺지 아니하는 나무마다 찍혀 불에 던져지리라"(눅3:9)

13

말씀이 삶의 표준이 되게 합시다

성경: 열왕기하 22:1-20 / 찬송: 85장(구주를 생각만 해도)

요시야는 남유다의 마지막 믿음의 성군이었습니다. 요시야만큼 믿음으로 개혁을 이끈 왕도 없을 것입니다. 그는 성전수리를 하다가 율법책을 발견하게 되고 이 율법책을 통하여 남유다에 임한 재앙들의 근원이 하나님을 버리고 하나님의 언약을 져버린 까닭임을 깨닫게 됩니다. 그는 여선지자 훌다에게 사람을 보내어 하나님의 뜻을 구하고 남유다가 배교와 우상숭배로 끝내 멸망하게 될 것을 알고는 눈물로 조국을 위하여 통곡하며 회개의 기도를 드립니다. 요시야왕 만큼 진실되고 순전한 왕이 있었을까 할 정도로 그는 하나님앞에서 믿음의 사람이었습니다.

1. 믿음의 사람

1. 요시야는 어떤 왕입니까(왕하22:1,2)?

요시야는 B.C.640-B.C.609년까지 통치한 남유다 제16대 왕입니다. 그는 성전개혁과 종교개혁을 주도했고 유월절을 성대히 거행한 남유다의 빛나는 믿음의 성군입니다.

2. 요시야는 하나님앞에서 어떤 왕이었습니까(왕하22:2; 신5:32; 수1:7; 잠4:27)?

'좌우로 치우치지 아니하였다'는 말의 의미는 무엇입니까(왕하22:2b)?

'좌우로 치우치지 아니하였다'는 말은 정도에서 벗어나지 않았다는 뜻입니다. 그것은 요시야가 믿음의 길에서 조금도 벗어나지 않았다는 의미입니다. 요시야는 하나님의 말씀의 정도로만 행한 왕이었습니다.

3. 요시야가 관심을 가지고 추진한 일은 무엇입니까(왕하22:3-6)?

2. 율법책의 발견

1. 요시야의 종교개혁을 도운 인물은 누구입니까(왕하22:3-5, 8-10,14)?
   서기관 사반은 어떤 인물입니까(왕하22:3; 왕하25:22; 렘36:12,25)?

서기관은 구약시대 국가 공문서의 작성과 보관을 담당하는 직책입니다. 사반은 요시야가 종교개혁을 할 때 서기관으로서 왕을 잘 보필하였습니다.

❶ 좋은 동역자의 중요성에 대해 생각해 봅시다(롬16:3,4).

2. 요시야가 감독자들의 손에 맡겨진 은을 회계하지 아니한 까닭은 무엇입니까(왕하22:7)?
   하나님의 일을 맡은 자들에게 요구되는 자질은 무엇입니까(출18:21; 딛1:7)?

3. 성전수리 과정에서 대제사장 힐기야가 발견한 것은 무엇입니까(왕하22:8)?

요시야가 율법책의 말씀을 듣고 그의 옷을 찢은 이유는 무엇입니까(왕하22:10,11)?

유대인들이 옷을 찢는 경우는 말로 표현할 수 없는 재난을 당했을 때, 참회와 슬픔의 외적인 표현으로 옷을 찢었습니다. 옷을 찢는 행위는 하나님앞에서 근신하며 긍휼을 구하는 겸비한 행동을 의미합니다.

3. 요시야의 통곡

1. 요시야가 율법책을 읽고서 깨닫게 된 사실은 무엇입니까(왕하22:12,13)?

우리에게 하나님의 말씀은 어떤 영적인 유익이 있습니까(시119:130)?

2. 요시야가 여선지자 훌다에게 사람들을 보낸 까닭은 무엇입니까(왕하22:13,14)?

훌다가 전한 하나님의 뜻은 무엇입니까(왕하22:15-17)?

3. 남유다에 하나님의 진노가 임하는 까닭은 무엇입니까(왕하22:17)?

4. 요시야가 하나님앞에서 취한 태도는 무엇이며 하나님께서 그의 기도에 어떻게 응답하셨습니까(왕하22:19,20)?

통회하고 자복하며 회개하는 자에게 베푸시는 하나님의 자비와 긍휼은 무엇입니까(왕하22:20)?

요시야는 하나님 앞에서 겸손하게 통회하고 기도했고 하나님은 회개하며 겸비하는 자들에게 긍휼의 하나님이 되십니다.

정리하며

요시야는 남유다의 멸망기에 마지막 믿음의 성군이었습니다. 그는 성전에서 발견한 율법책을 계기로 종교개혁을 단행했으며 남유다가 하나님께로 돌아 오도록 노력한 왕입니다. 요시야는 남유다에 임할 하나님의 진노의 계획을 들었을 때 자신의 옷을 찢고 통회하고 슬퍼했습니다. 그러나 요시야의 종교적인 개혁의 노력에도 불구하고 하나님의 심판계획은 바뀌지 않았습니다. 그러기에는 이제 남유다의 죄가 너무나 컸던 것입니다.

1. 요시야의 종교개혁의 표준이 된 것은 무엇입니까?
   당신의 삶에 표준이 되는 것은 무엇입니까(시119:105)?

2. 요시야는 어느정도 하나님의 말씀에 순종했습니까?
   당신은 하나님의 말씀을 얼마나 순종하며 살아 갑니까?

♡ "너희는 옷을 찢지 말고 마음을 찢고 너희 하나님 여호와께로 돌아올지어다 그는 은혜로우시며 자비로우시며 노하기를 더디하시며 인애가 크시사 뜻을 돌이켜 재앙을 내리지 아니하시나니"(욜2:13)

역사적인 범죄를 회개합시다

성경: 열왕기하 23:1-20 / 찬송: 546(주님 약속하신 말씀 위에 서)

요시야는 율법의 말씀을 듣고 그저 눈물만 흘리며 기도하던 그런 왕이 아니었습니다. 그는 백성들을 다 불러모아 언약을 갱신하며 이들이 하나님의 뜻대로 살 것을 다짐하게 했습니다.

그리고 그는 솔로몬이 이스라엘 왕국에 우상을 처음으로 세우고 도입했던 멸망산으로 가서 그 곳을 부정하고 더럽게 했습니다.

이것은 요시야가 역사적인 종교개혁의 일환으로 추진한 일이었습니다. 그후에 요시야는 북이스라엘의 벧엘지역으로 가서 여로보암이 금송아지를 세운 벧엘의 제단을 해골가루로 채우고 부정하게 하고 더럽게 했습니다.

이것은 하나님만을 섬기고 그 분만이 유일하신 참 하나님이심을 고백하는 역사적인 범죄에 대한 사죄와 정화의 개혁이었습니다.

1. 요시야의 언약 갱신

1. 여선지자 훌다의 경고를 듣고 난후 요시야가 행한 일은 무엇입니까(왕하23:1,2)?

2. 요시야가 언약책의 말씀을 백성들의 귀에 읽어 들리게 한 이유는 무엇입니까(왕하23:2b)?

요시야는 어찌하든지 타락한 백성들을 하나님께 되돌리고자 하는 안타까운 목자의 심정이 있었습니다.

3. 인간의 부패하고 죄악된 심령을 깨우치고 변화시키는 것은 하나님의 말씀의 능력에 있습니다. 이 말씀의 능력에 대해 말해봅시다(히4:12; 딤후3:16,17)?

신앙의 참된 표준은 오직 하나님의 말씀 밖에 없습니다.

4. 왕이 하나님앞에서 세운 언약의 핵심은 무엇입니까(왕하23:3; 신6:5)?

하나님의 말씀에 대한 온전한 순종과 충성입니다.

2. 멸망산 개혁

1. 왕과 백성들이 언약의 갱신후 행한 첫 번째 행동은 무엇입니까(왕하23:4)?

하나님을 향한 사랑은 관념속에 머물러서는 않됩니다. 그것은 곧 행동으로 나타나야 합니다(약2:17,26).

2. 하나님의 성전이 어느 정도 타락했었는지를 말해 봅시다(왕하23:4b-7).

당시에 우상들과 그 기물들은 심지어 여호와의 전과 여호와의 전 마당에까지 세워졌습니다. 이것은 제사장들까지 우상을 숭배하는데 동참하고 있었음을 말해 줍니다. 그리고 이 시대의 하나님의 성전이 얼마나 타락해 있었는지를 말해 줍니다.

3. 예루살렘 앞 '멸망의 산'은 무엇을 의미합니까(왕하23:13a; 왕상 11:4-9)?
   요시야가 멸망의 산당들을 더럽게 하고 훼파한 것은 어떤 '역사적인 의미'가 있습니까?

솔로몬은 자신의 이방인 아내들을 위하여 예루살렘 앞 감람산 남쪽에 우상의 산당들을 세워 주었습니다(왕상11:7,8). 우상의 신전들이 이곳에 세워져 온 이스라엘을 우상숭배의 죄에 빠지게 했으므로 후대의 사람들은 이곳을 '멸망산'이라고 불렀습니다. 그만큼 솔로몬의 우상숭배가 이스라엘 역사에서 큰 재앙을 불러온 것입니다. 요시야가 이 곳을 찾아 더럽힌 이유는 이스라엘의 우상숭배가 이 곳에서 시작됐기때문입니다.

4. 요시야가 멸망산에 사람의 해골로 채운 이유는 무엇입니까(왕하23:14)?

유대인들은 죽은 사람의 사체나 뼈와 해골에 닿는 것을 아주 부정하게 여겼습니다(민19:13,16). 요시야가 우상의 신전에 사람의 뼈와 해골들을 채운 것은 이들 우상의 신전과 산당들을 부정하고 더럽게 하려는 의도였습니다.

3. 벧엘 개혁

1. 요시야의 종교개혁은 벧엘에 까지 이릅니다. 요시야가 멸망산에 이어 벧엘을 찾아 개혁한 것은 어떤 '역사적인 의미'가 있습니까(왕하23:15)?

벧엘은 북이스라엘의 초대왕 여로보암이 남북 분열이후에 최초로 금송아지 우상을 만들어 우상숭배한 곳입니다(왕상12:28-33). 북이스라엘의 우상숭배의 원조가 바로 벧엘에 세워진 금송아지 우상이었습니다.

2. 요시야가 벧엘의 제단들을 어떻게 부정하게 만들었습니까(왕하23:16)?

요시야는 벧엘 근처의 무덤에서 해골들을 취하여 가져와서 우상의 제단 위에서 불살라 버림으로써 우상의 제단들을 부정하고 더럽게 만들어 버렸습니다.

3. 예루살렘의 멸망산과 북이스라엘의 벧엘의 이스라엘 종교역사에서의 의미를 말해 봅시다(왕하23:13,15).

멸망산은 솔로몬이 통일왕국 이스라엘에 우상숭배를 도입한 곳이고 벧엘은 남북분열이후에 북이스라엘에 금송아지 우상을 도입한 우상숭배의 원조지역입니다. 이스라엘 종교역사에서 이들 두 곳은 이런 상징적인 의미가 있는 곳입니다.

4. 요시야가 벧엘의 제단을 모독하고 더럽힌 것은 하나님의 예언의 말씀을 성취한 사건이었습니다. 그것은 무엇입니까(왕하23:16b; 왕상13:1,2)?

정리하며

요시야는 여선지자 훌다의 경고를 듣고 난후 백성들을 불러 모았습니다. 그리고 백성들에게 하나님의 율법의 말씀을 들려 주었습니다.
그리고 요시야는 멸망산으로 가서 그 곳을 부정하게 만들었습니다. 멸망산은 솔로몬이 과거에 이방의 여인들을 위하여 우상의 제단들을 세워 준 곳입니다. 이스라엘의 우상숭배도 멸망산에서 시작된 것입니다. 또한 요시야는 벧엘로 가서 여로보암이 세웠던 금송아지 제단들을 부정하게 만들었습니다. 요시야는 역사적인 종교개혁을 추진함으로 종교적 순결을 회복하기를 원했습니다. 그러나 요시야의 종교개혁에도 불구하고 하나님의 진노는 바뀌지 않았습니다. 그만큼 남유다의 종교적 타락은 요시야왕이 되돌리기에는 이미 그 한계를 넘었던 것입니다.

1. 요시야가 백성들을 불러 모은 까닭은 무엇입니까?
   남유다 백성들이 하나님의 심판을 받는 까닭은 무엇입니까?
   당신은 얼마나 말씀중심의 삶을 살아갑니까?

2. 요시야가 직접 찾아가 개혁한 종교적 장소 두군데는 무엇입니까?
   이 두 장소의 종교 역사적인 의미를 말해 봅시다.

♡ "네가 보거니와 믿음이 그의 행함과 함께 일하고 행함으로 믿음이 온전하게 되었느니라"(약2:22)

15

하나님의 말씀으로 돌아 갑시다

성경: 왕하 23:21-30, 대하 35:21-24 / 찬송: 488(이 몸의 소망 무언가)

요시야는 성전에서 발견된 율법책의 규례를 따라 유월절을 준수합니다. 요시야가 준수한 유월절은 남유다에서 전무후무한 유월절이었습니다.

요시야의 믿음은 말씀중심의 믿음이었습니다.

그는 하나님의 말씀에 따라 백성들에게 유월절 준수를 지시했고 경건한 믿음의 나라를 회복하고자 마지막까지 노력한 믿음의 군주였습니다. 그러나 요시야의 믿음의 열정에도 불구하고 하나님은 남유다에 대한 계획된 심판을 거두지 않으셨습니다.

이때 애굽은 바벨론을 견제하기 위하여 군대를 파견하였고 요시야가 군대를 이끌고 애굽을 막아 섭니다.

애굽은 요시야에게 길을 열어 달라고 요청하지만 요시야는 이를 거절합니다. 그리고 그는 애굽군대에 의해 전사하고 맙니다.

1. 유월절 준수

1. 요시야가 종교개혁의 일환으로 백성들에게 명령하고 추진한 것은 무엇입니까(왕하23:21)?

2. 요시야가 지킨 유월절의 특징을 말해 봅시다(왕하23:22,23).
하나님을 향한 '요시야의 신앙의 열정'을 말해 봅시다.

요세푸스는 「유대고대사Ⅱ」에서 "사무엘시대 이후에 이런 모습으로 히브리인들이 절기를 지킨 적이 없었다"고 했습니다. 요시야는 전국가적인 영적각성운동의 일환으로 유월절 준수를 했습니다. 이것은 남유다를 하나님앞에서 믿음으로 바로 세우기 위한 요시야의 종교적 목적 때문입니다.

3. 요시야의 종교 개혁의 근거가 되는 것은 무엇입니까(왕하23:21,24b)?

요시야의 종교개혁은 철저하게 성전에서 발견된 하나님의 율법책을 중심으로 이루어진 '말씀중심의 개혁'입니다. 마틴 루터나 존 칼빈이 하나님의 말씀을 중심으로 종교개혁을 했던 것처럼 요시야의 개혁도 하나님의 말씀중심의 개혁운동이었습니다.

2. 불타는 진노

1. 요시야에 대한 신앙적 평가는 무엇입니까(왕하23:25; 왕하18:5; 마22:36-38)?
   요시야의 종교개혁의 두가지 근본정신은 무엇입니까(왕하 23:25a; 신6:5)?

요시야의 종교개혁의 특징에는 두가지가 있습니다.
첫째는 '하나님의 말씀중심'입니다. 그는 모세의 율법을 근거로 하여 종교개혁을 단행했습니다. 타락한 남유다가 하나님의 말씀으로 돌아가자는 것이 그의 개혁의 목적이었습니다.
둘째는 '하나님에 대한 사랑'입니다. 그는 신명기에 바탕을 둔 온

맘과 뜻을 다하여 하나님을 사랑하는 열정이 그의 종교개혁의 원동력이었습니다.

2. '요시야의 믿음'과 '히스기야의 믿음'을 비교해 봅시다(왕하19:14-16, 20:2,3; 왕하23:2,3,21,24,25).

두 사람 모두 하나님앞에서 신실하고 칭찬받는 귀한 믿음의 왕들입니다.
히스기야는 기도를 중심으로 하는 믿음의 특징을 보였다면 요시야는 하나님의 말씀을 중심으로 하는 말씀중심의 신앙의 특징을 보였습니다.

3. 요시야의 종교 개혁에도 불구하고 하나님께서 유다를 향한 진노를 돌이키지 아니하신 까닭은 무엇입니까(왕하23:26; 왕하21:10-16)?

비록 요시야가 하나님앞에서 정직하고 전무후무한 종교개혁을 단행했지만 지금까지 하나님은 유다에 대한 종국적인 심판을 유보하고 계셨을뿐입니다. 요시야 한 사람의 개혁으로 모든 것을 되돌리기에는 유다의 우상숭배와 배교가 너무나 심각하고 역사적인 뿌리가 깊었습니다. 여기에 므낫세가 저지른 종교적 타락은 하나님의 심판을 불러오는 결정적인 것이었습니다.

4. 하나님께서 유다와 예루살렘 성전을 버리신 까닭은 무엇입니까(왕하23:27; 왕상9:6-9).

3. 요시야의 전사

1. 애굽 왕 바로 느고가 군대를 일으켜 유브라데 강을 건넌 이유는 무엇입니까(왕하23:29)?

당시 바벨론은 앗수르를 패배시켰고 팔레스틴 지역의 신흥 강대국으로 떠올랐습니다. 애굽은 바벨론의 급부상이 마음에 들지 않았고 이에 군사력이 약해진 앗수르를 돕고자 군대를 일으켜 출정했습니다.

2. 요시야가 애굽 군대를 막아선 이유는 무엇입니까(왕하23:29b)?

요시야는 망해가는 앗수르를 돕고자 하는 애굽과는 정치적 목적이 달랐습니다. 앗수르는 북이스라엘을 멸망시킨 존재였고 여전히 남유다를 위협하는 가시같은 존재였습니다.

3. 애굽 왕은 요시야에게 어떻게 경고합니까(대하35:21)?
   요시야는 어떻게 전사하며 그의 죽음에 대해 생각해 봅시다(왕하23:29b; 대하35:23,24; 왕하22:19,20)?

요세푸스는 「유대고대사Ⅱ」에서 요시야가 병거를 타고 달리던 중 애굽의 궁수가 그에게 쏜 활을 맞고 전사했다고 합니다.

정리하며

요시야는 모세의 율법을 근거로 대대적인 종교개혁운동을 일으켰습니다. 남유다에서 유례없는 유월절을 백성들에게 지키도록 했고 남유다가 다시 한번 하나님께로 돌아 갈수 있도록 최선을 다했습니다. 요시야의 종교개혁의 특징은 하나님의 말씀중심이었습니다. 그러나 하나님은 요시야의 헌신적인 종교적 각성운동에도 불구하고 그의 진노를 거두지 않으셨습니다. 그것은 오랫동안 뿌리를 내린 우상숭배와 배교에 대한 하나님의 진노의 결과였습니다. 요시야는 바벨론을 공격하기 위해 출정한 애굽군대를 막아서게 되고 애굽의 궁수가 쏜 활에 맞아 전사하게 됩니다. 이렇게 남유다는 긴 역사적 여정의 마지막을 향해 갑니다.

1. 요시야의 종교개혁은 어디에 기초를 둔 것입니까?
   우리의 신앙의 본질을 회복하고 개혁하는데 표준이 되는 것은 무엇입니까(딤후3:16)?

2. 요시야의 열정적인 영적각성운동에도 불구하고 하나님께서 남유다를 향한 심판의 진노를 거두지 않으신 까닭은 무엇입니까?

♡ "예수께서 이르시되 네 마음을 다하고 목숨을 다하고 뜻을 다하여 주 너의 하나님을 사랑하라 하셨으니"(마22:37)

16

하나님의 약속의 땅에서 삽시다

성경: 열왕기하 24:1-25: 30 / 찬송: 279(인애하신 구세주여)

하나님의 언약을 버리고 불순종하며 배교하던 통일 이스라엘은 남북으로 분열이 되어 북이스라엘과 남유다로 이어져 내려오다가 북이스라엘은 앗수르에 패망하고 남유다는 바벨론에 의해 멸망하고 말았습니다.

이 두 왕국이 멸망한 근본적인 까닭은 군사적 경제적 정치적인 요인에 있는 것이 아닙니다.

그것은 바로 이들이 이스라엘의 보호자이신 하나님을 버리고 헛된 우상을 숭배하며 언약을 져버리고 말씀을 떠났기 때문입니다.

하나님은 오랫동안 선지자들을 통하여 회개하고 하나님께로 돌아오기를 촉구했지만 이들은 끝내 솔로몬의 우상숭배와 여로보암의 금송아지 우상숭배의 길에서 돌아서지 않았습니다.

결국 이 두 분열된 왕국은 신명기의 예언처럼 각각 멸망하여 약속의 땅에서 쫓겨나 머나먼 이방의 나라로 노예로 끌려가는 비참한 최후를 맞게 됩니다.

1. 하나님의 경고

1. 여호야김 시대에 바벨론과 연합군이 유다를 침공한 이유는 무엇입니까(왕하24:1,2)?

2. 바벨론 연합군이 유다를 침공하는 일이 왜 일어나게 되었습니까(왕하24:3)?

이것은 남유다의 종교적 타락에 대한 하나님의 심판이었습니다.

3. 유다 멸망에 결정적인 계기를 제공한 왕은 누구입니까(왕하24:3,4; 왕하21:10-15; 23:26)?
   한명의 지도자가 공동체 전체에 미치는 영향력을 생각해 봅시다(롬5:19).

2. 하나님의 심판

1. 유다가 이방인들의 손에 의해서 약탈당한 것들은 무엇입니까

(왕하24:13)?

2. 유다가 바벨론의 침략으로 당한 처참함의 정도를 말해 봅시다 (왕하24:14-16).

3. 끝까지 회개하지 않고 돌이키지 않은 유다가 받게 된 최후의 심판은 무엇입니까(왕하24:20)?

우상숭배와 배교의 죄악에서 끝까지 돌이키지 않고 회개하지 않는 자들에게 주어진 형벌은 '멸망'이었습니다(롬6:23).

3. 남유다의 멸망

1. 시드기야는 어떤 왕이었습니까(왕하24:18,19)?

시드기야는 요시야의 셋째 아들이며 여호야긴의 삼촌입니다.
그는 B.C. 597-586년까지 11년 동안 유다를 통치한 왕입니다.

2. 시드기야가 당하게 된 비참함은 무엇입니까(왕하25:6,7)?

시드기야는 느부갓네살과 맺은 충성조약을 배반했습니다. 대신에 시드기야는 애굽과 동맹을 맺어 바벨론을 대적했습니다. 그러자 그는 바벨론의 침공을 다시 받게 되었고 느부갓네살에게 체포를 당하여 비참한 치욕을 당하게 됩니다.

3. 유다의 죄악으로 인하여 유다 전역에 임한 비참한 참화를 말해 봅시다(왕하25:8-12).

4. 유다가 이렇게 비참하고도 치욕적인 멸망을 당한 까닭을 정리해 봅시다(왕하 21:7-9; 22:16,17; 왕상9:6-9; 신28:36,37)?

하나님을 버리고 하나님의 언약의 말씀을 무시하고 변질되고 타락한 결과는 멸망입니다.

정리하며

하나님의 언약을 버리고 오랫동안 우상숭배와 배교, 그리고 온갖 악행으로 하나님의 진노를 일삼던 남유다는 결국 바벨론에 의해 멸망을 당하고 말았습니다.

통일 이스라엘이 불행의 길로 들어서게 된 것은 바로 솔로몬의 우상숭배 죄때문이었습니다. 그가 하나님의 금지하신 말씀을 벗어나서 수많은 이방의 여인들을 처와 첩으로 삼아 예루살렘에 우상의 산당들을 세움으로 우상숭배가 시작되었습니다.

이것은 남유다가 멸망할 때까지 이어졌습니다. 그 다음에 북이스라엘의 초대왕 여로보암의 금송아지 숭배가 북이스라엘의 영적인 타락에 큰 영향을 주었습니다. 수많은 선지자들의 경고와 촉구에도 불구하고 남북 이스라엘은 하나님의 언약으로 돌아오지 않고 배교와 거역의 길을 갔습니다.

뿌리깊은 죄악에 대한 심판으로 결국 하나님은 남북 이스라엘을 앗수르와 바벨론에 의해 멸망을 시켰습니다. 그리고 그들을 약속의 땅에서 추방시켜 먼 이방 나라로 노예로 끌고 가게 했습니다.

남북 이스라엘의 멸망은 군사적 경제적 외교적 능력의 부재가 아니었습니다. 그것은 바로 하나님에 대한 믿음의 부재였습니다. 그들이 하나님을 버렸기 때문에 멸망하게 된 것입니다. 어찌보면 그들의 멸망은 스스로 자초한 자멸이었던 것입니다.

1. 남북 이스라엘의 영적인 타락에 크게 영향을 준 두가지 큰 사건을 말해 봅시다.

2. 북이스라엘과 남유다가 멸망한 근본적인 원인을 정리해 봅시다. 왜 우리가 하나님을 사랑하고 그 말씀에 신실한 사람이 되어야 합니까?

3. 열왕기서를 끝내며 새롭게 배우고 느낀 점이 있다면 나누어 봅시다.
앞으로 하나님 말씀에 대한 나 자신의 결단과 각오를 말해 봅시다.

♡ "그것들에게 절하지 말며 그것들을 섬기지 말라 나 네 하나님 여호와는 질투하는 하나님인즉 나를 미워하는 자의 죄를 갚되 아버지로부터 아들에게로 삼사 대까지 이르게 하거니와 나를 사랑하고 내 계명을 지키는 자에게는 천 대까지 은혜를 베푸느니라"(출20:5,6)

이 책을 마치면서

주님께 드리고 싶은 글

망망한 바다 한가운데서 배 한 척이 침몰하게 되었습니다.
모두들 구명보트에 옮겨 탔지만 한 사람이 보이지 않았습니다.
절박한 표정으로 안절부절 못하던 성난 무리 앞에 급히 달려 나온 그 선원이
꼭 쥐고 있던 손바닥을 펴 보이며 말했습니다.
"모두들 나침반을 잊고 나왔기에 … "
분명, 나침반이 없었다면 그들은 끝없이 바다 위를 표류할 수 밖에 없을 것입니다.

우리는 삶의 바다를 항해하는 모든 이들을 위하여
그 나침반의 역할을 하고 싶습니다.
우리를 구원하신 위대한 주 예수 그리스도를 널리 전하고 싶습니다.

"하나님은 모든 사람이 구원을 받으며
진리를 아는 데에 이르기를 원하시느니라"
(디모데전서 2장 4절)

하나님 은혜에 합당한 사람(열왕기하 2부)

지은이 | 나종원 목사
발행인 | 김용호
발행처 | 나침반출판사

제1판 발행 | 2016년 7월 1일

등 록 | 1980년 3월 18일 / 제 2-32호
주 소 | 07547 서울특별시 강서구 양천로 583
블루나인 비즈니스센터 B동 1607호
전 화 | 본사 (02) 2279-6321 / 영업부 (031) 932-3205
팩 스 | 본사 (02) 2275-6003 / 영업부 (031) 932-3207
홈 피 | www.nabook.net
이메일 | nabook@korea.com / nabook@nabook.net

ISBN 978-89-318-1519-1
책번호 다-1132

값은 뒷표지에 있습니다.